VENTE

Du Samedi 14 Juin 1913

HOTEL DROUOT, SALLE N° 11

A DEUX HEURES

OBJETS D'ART ET D'AMEUBLEMENT

TABLEAUX

BRONZES, SCULPTURES

Meubles

COMMISSAIRE-PRISEUR

M⁰ MARCEL WALTER

EXPERTS

M. GEORGES SORTAIS, PEINTRE

Expert près le Tribunal civil de la Seine

MM. DUCHESNE & DUPLAN

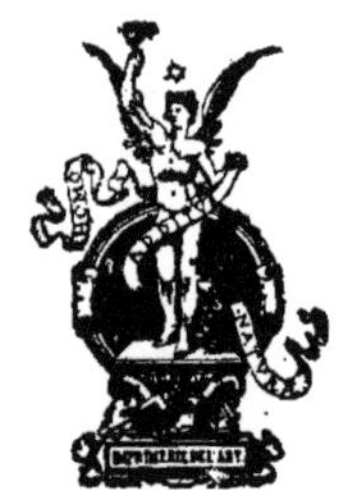

CATALOGUE

DES

Objets d'Art et d'Ameublement

TABLEAUX

ANCIENS ET MODERNES

GOUACHES — PASTELS — GRAVURES

PORCELAINES ET FAIENCES

OBJETS DIVERS

SCULPTURES, MARBRES, BRONZES

Terres cuites antiques

MEUBLES ET SIÈGES

Dont la Vente aux Enchères publiques aura lieu

HOTEL DROUOT, SALLE N° 11

LE SAMEDI 14 JUIN 1913

a deux heures

COMMISSAIRE-PRISEUR

Mᵉ MARCEL WALTER, *Successeur de Mᵉ RIDEL*

8, rue Favart

EXPERTS

Pour les Tableaux :

M. G. SORTAIS, Peintre

Expert près le Tribunal civil de la Seine

11, rue Scribe

Pour les Objets d'art :

MM. DUCHESNE & DUPLAN

10, rue Rossini

PARIS

EXPOSITION PUBLIQUE

Le Vendredi 13 Juin 1913, de 1 heure 1/2 à 6 heures

CONDITIONS DE LA VENTE

Elle sera faite au comptant.

Les acquéreurs paieront *dix pour cent* en sus des enchères.

Paris. — Imp. de l'Art, Ch. Berger, 41, rue de la Victoire.

DÉSIGNATION

PASTELS

AQUARELLES, GOUACHES

MINIATURES, ESTAMPES

CADRES

ÉCOLE ANGLAISE (Milieu du xixe siècle)

1 — *Portrait de Femme tenant sa Fille près d'elle, se détachant sur un fond de paysage.*

Pastel. Haut., 61 cent.; larg., 51 cent.

ÉCOLE FRANÇAISE (xviie siècle)

2 — *Portrait de Jeune Femme.*

En buste, vêtue d'une robe blanche décolletée, recouverte d'un manteau de satin gris.

Pastel. Haut., 50 cent.; larg., 43 cent.

Cadre Louis XIV en bois sculpté et doré.

ÉCOLE ANGLAISE

3 — *Jeune Femme assise dans un fauteuil et vêtue d'un costume japonais.*
> Gouache.

ÉCOLE FRANÇAISE (xviie siècle)

4 — *La Madeleine.*
> Gouache, d'après LE BRUN.
> Cadre Louis XIV en bois sculpté et doré.

ÉCOLE FRANÇAISE

5 — *Vénus sortant de l'onde.*
> Aquarelle.

6 — Gouache : Personnages dans le parc d'un palais où se voient des monuments et des portiques.
> Genre du xviiie siècle.

7 — Gouache : Marine.
> Manière de J. VERNET.

8 — Gouache : la Revue des Sablons.
> Genre du xviiie siècle.

9 — Gouache : la Jardinière.
> Genre du xviiie siècle.

10 — Gouache : Miss Farren.
> Genre de l'École anglaise du xviiie siècle.

SOMM

ÉCOLE ANGLAISE

ÉCOLE FRANÇAISE

LAUGIER (D'après Hersent)

MEYER (D'après Chalon E.)

MURPHY

17 — *La Reine Marie-Antoinette dans sa prison.*

    Estampe imprimée en noir.

WOOLLETT (D'après Dusart)

18 — *The Cottagers.*

    Estampe en noir.

19 — Album contenant quarante-neuf gravures diverses en noir.

20 — Un volume : The People's gallery of Engravings. *Fister, Londres.*

21 — Deux estampes japonaises, par Hokousaï et Outamaro.

    Un noble poète, son éventail de cour sur l'épaule, accompagné de son écuyer et d'un serviteur, regarde, heureux présage, le croissant de la lune au troisième jour.

    Jeune fille japonaise drapée dans sa robe et accroupie.

22 — Lot de cadres.

TABLEAUX

BOUCHER (École de F.)

23 — *Jeune Femme à demi-nue couchée sur un lit.*

> Toile. Haut., 5o cent.; larg., 6o cent.

BRUN (N.-A.)

24 — *Le Médecin.*

> A l'entrée d'un village, au milieu d'un groupe de paysannes, un médecin, monté sur un cheval blanc, distribue des médicaments.

> Toile. Haut., 38 cent. ; larg., 46 cent.

Pendant du suivant.

BRUN (N.-A.)

25 — *Le Vétérinaire.*

> Devant la forge d'un maréchal-ferrant, un cheval malade reçoit les soins d'un vétérinaire.

> Toile. Haut., 38 cent.; larg., 46 cent.

Pendant du précédent.

DARCY

26 — *Fillette, les jambes nues, traversant un cours d'eau.*

> Signé à droite.

DARCY

27 — *Peintre dans son atelier, vu de dos, assis et peignant.*

Signé et daté : 1864.

DE MARNE (dit DEMARNETTE)

28 — *Le Passage du gué.*

Au milieu d'une rivière, un batelier transporte deux paysannes et un homme tenant un chien ; à droite, sur la rive, un autre batelier cause avec une paysanne dont les vaches qu'elle conduit se désaltèrent ; à l'arrière-plan, à gauche, un troupeau de vaches sort d'une ferme qu'encadre un bouquet d'arbres ; ciel bleu avec de légers nuages blancs.

Toile. Haut., 50 cent.; larg., 60 cent.

DETAILLE (Ed.)

29 — *Fragment de Panorama.*

ECOLE ANGLAISE (xixe siècle)

30 — *Portrait de Jeune Femme.*

En buste, vêtue d'une robe de salon à écharpe de dentelle.

Bois. Haut., 14 cent.; larg., 11 cent. 1 2.

ECOLE ANGLAISE (xixe siècle)

31 — *Portrait d'un Diplomate.*

Toile marouflée sur carton.

Haut., 29 cent.; larg., 25 cent.

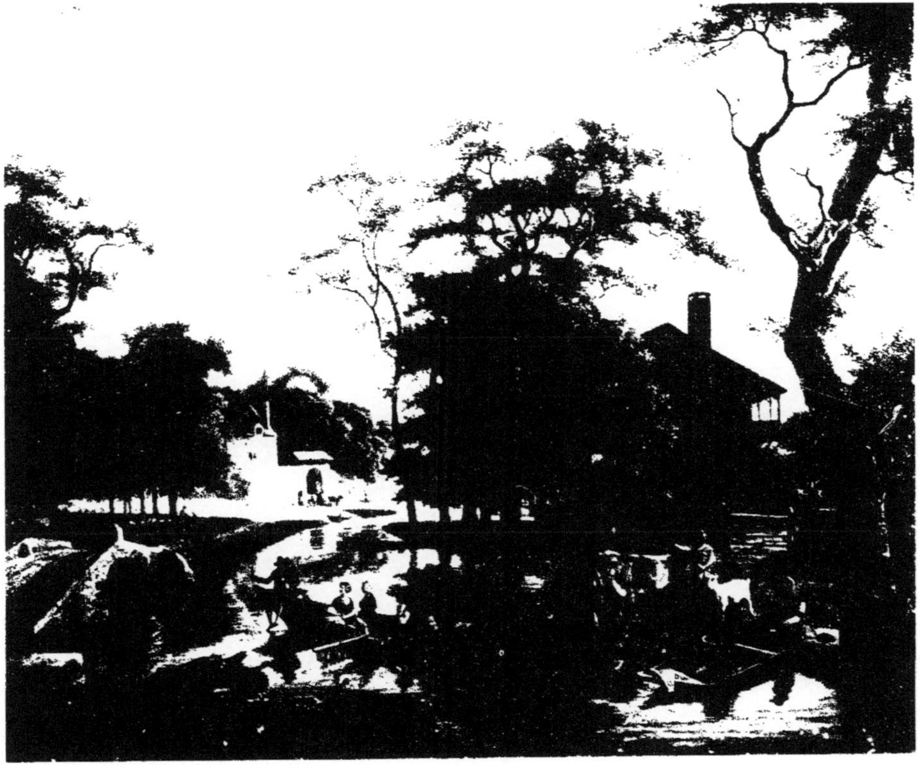

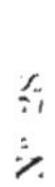

ÉCOLE ANGLAISE (Milieu du xixe siècle)

32 — *Bateaux de pêche à marée basse.*

Toile. Haut., 63 cent.; larg., 49 cent.

ÉCOLE ANGLAISE (xixe siècle)

33 — *Jeune Fille en buste, les mains jointes appuyées sur une table.*

Toile. Haut., 30 cent.; larg., 25 cent.

ÉCOLE FLAMANDE (xviie siècle)

34 — *La Vierge et l'Enfant Jésus, dans un encadrement de fleurs.*

Cuivre. Haut., 17 cent ; larg., 13 cent.

ÉCOLE HOLLANDAISE

35 — *Marine : Les Adieux du Pêcheur.*

Bois. Haut., 52 cent. ; larg., 72 cent.

ÉCOLE VÉNITIENNE (xviie siècle)

36 — *La Toilette de Vénus.*

Copie d'un maître français, d'après PAOLO VERONESE.

Toile ovale. Haut., 96 cent.; larg., 78 cent.

Cadre Louis XIV, en bois sculpté et doré.

GAROFALO (ÉCOLE DE)

37 — *La Vierge et l'Enfant Jésus, Saint Jean et deux anges.*

Bois. Haut., 25 cent.; larg., 18 cent.

GIRARDET (K.)

37 — *Jeune Femme assise au bord d'un étang, dans un paysage.*

Signé du monogramme en bas à droite.
Toile marouflée sur carton.

Haut., 17 cent.; larg., 27 cent.

GREUZE (D'après J.-B.)

39 — *La Cruche cassée.*

Toile. Haut., 45 cent.; larg., 37 cent.

HEEMSKERCK (Attribué à MARTIN)

40 — *La Nativité.*

Bois. Haut., 24 cent.; larg., 19 cent.

OUWATER (J.)

41 — *Entrée d'une ville de Hollande, animée de personnages et d'animaux.*

Signé et daté en bas à gauche.

Toile. Haut. 38 cent.; larg. 47 cent.

PEZOUS

42 — *Troupeau de vaches au repos dans un paysage.*

Signé en bas à gauche.

Bois. Haut., 14 cent.; larg., 19 cent.

SEYFERT

43 — *Paysans se reposant à l'entrée d'un bois.*

Signé et daté en bas à gauche.

Toile. Haut., 43 cent.; larg., 58 cent.

VAYSON

44 — *Pots de pensées sur un entablement de pierre.*

Signé et daté en bas à gauche.

Toile. Haut., 38 cent.; larg., 46 cent.

PORCELAINES, FAIENCES
OBJETS DIVERS

45 — Bénitier en faïence.

46 — Plat oblong et beurrier en faïence, décor genre Rouen.

47 — Deux petites verseuses en ancienne faïence de Delft, décor bleu sur blanc.

48 — Petit plat creux et rond en ancienne faïence de Delft, décor bleu sur blanc.

49 — Deux petits bustes d'homme et de femme en ancienne faïence de Delft, décor bleu sur blanc.

5o — Quatre tasses et soucoupes en porcelaine de la Chine et du Japon, décor bleu sur blanc.

5i — Tasse et soucoupe en porcelaine de Vienne, décor à réserves, bouquets de fleurs, guirlandes et rinceaux sur fond d'or ; bordure fond rose.

5? — Théière et son réchaud en ancien biscuit de Wedgwood, fond bleu, à décor blanc en relief.

53 — Deux perroquets, décorés au naturel, perchés sur des troncs d'arbres, en porcelaine anglaise.

54 — Flambeau bout-de-table en porcelaine de Berlin, formé par une statuette de femme debout entre deux cornes d'abondance supportant des porte-lumières en bronze doré.

55 — Tasse à deux anses et couvercle en biscuit de Wedgwood, fond brun clair.

56 — Trois tableaux en broderie de soie noire sur soie
blanche : paysages et marine. Commencement du XIXe
siècle. Travail anglais.

57 — Petit panneau encadré en tapisserie au petit point,
représentant une femme assise au milieu d'un paysage
animé, tenant un rameau fleuri; fond de constructions.
XVIIe siècle.

58 — Deux petites jardinières en ancien émail, à décor
polychrome de médaillons d'empereurs romains et
ornements en relief en blanc sur fond noir ; pieds en
bronze.

59 — Tête de cerf et quatre pieds de cerf naturalisés,
formant porte-manteaux.

60 — Petit coffret en marqueterie de cuivre sur écaille,
genre Boulle.

61 — Petit Christ en ivoire.

62 — Deux panneaux en laque du Japon, décor d'or à
oiseaux et arbustes sur fond aventuriné.

63 — Soupière en étain, à décor d'amours et de guirlandes.

64 — Carafe et son plateau en cristal taillé peint et doré.

65 — Petit bassin creux ancien en cuivre repoussé, offrant,
en décor, Adam et Ève dans le Paradis terrestre.

66 — Coquille en nacre gravée et ajourée.

67 — Petite pagode en laque noire s'ouvrant à deux
volets avec intérieur à fond d'or, offrant un groupe
représentant le Dieu de la Guerre accoté de deux
personnages apportant des offrandes. Travail japonais.

68 — Petit vase, forme balustre, en ancien bronze de la
Chine, reposant sur un pied à volutes et rinceaux
Louis XV.

69 — Lorgnette face à main à incrustations d'or sur
écaille brune.

70 — Bague en argent montée d'un ancien camée : Tête
d'homme de profil.

71 — Grand plat métallique, décor argenté et doré en
relief, présentant un groupe : Triomphe d'Amphitrite ;
le marli à rinceaux.

FRESQUES

ET

TERRES CUITES ANTIQUES

VERRES ANTIQUES

72 — Fresque de Pompéï, représentant un bouclier : Tête
de Méduse.

73 — Brique de l'époque de la Renaissance, à décor de
deux lions.

74 — Statuette : Aphrodite avec tambourin et diadème.
(*Archaïque. Thèbes.*)

Haut., 33 cent.

75 — Statuette : Jeune femme marchant. (Tanagra).

Haut., 29 cent.

76 — Buste de Jupiter (*Tarente*), sur socle en velours.

77 — Statuette : Pêcheur assis.

78 — Statuette : Flûteur assis.

79 — Buste : Tête de femme voilée.

80 — Buste : Tête de femme coiffée en diadème.

81 — Groupe : Éros et Pan (*Asie-Mineure*).
(*Collection Lécuyer-Cartault, planche M. 5.*)

82 — Groupe : Vieillard assis tenant un enfant.
(*Cartault, planche 58.*)

83 — Groupe : Enfant assis sur un rocher.
(*Cartault, planche 59.*)

84 — Groupe : Deux fillettes (*Asie-Mineure*).
(*Cartault, planche 71.*)

85 — Grand plat en verre antique.
Diam., 26 cent.

86 — Bouteille en verre antique.

87 — Deux coupes, deux gobelets, une ampoule, un petit chandelier, une petite œnochoé, en verre antique.

88 — Lampe antique en terre cuite : Tête de bœuf.

89 — Sifflet antique en terre cuite.

SCULPTURES
MARBRES, TERRES CUITES
BRONZES
BRONZES D'AMEUBLEMENT

90 — Groupe en marbre blanc : Jeune baigneuse et enfant.

91 — Groupe en terre cuite : le Baiser rendu.

92 — Groupe en terre cuite, par H. DUMAIGE : l'Huitre et les Plaideurs.

93 — Petit bas-relief en marbre tendre, par GIUSEPPE PARENTI : Une exécution.

94 — Buste en terre cuite : Portrait de jeune femme en robe décolletée. Genre XVIIIe siècle.

95 — Petit groupe en marbre tendre, représentant Vénus couchée, d'après LE TITIEN.

96 — Buste en biscuit : Portrait du général Joubert, sur un socle en porcelaine bleue à filets d'or.

97 — Bas-relief original en terre cuite de l'École française : le Triomphe de Bacchus. Composition à nombreux personnages. Fin du XVIIIe siècle.

98 — Statuette de Neptune debout en bronze. Socle rectangulaire en marbre jaune. xviie siècle.

99 — Buste en plâtre ancien : Portrait de M. C. de V. Fin du xviiie siècle.

100 — Statuette en bronze, par GRÉGOIRE : la Charité.

Haut., 90 cent.

101 — Buste en bronze, d'après CARPEAUX : Pêcheur napolitain.

102 — Statuette en bronze, d'après MICHEL-ANGE : il Penseroso.

103 — Statuette en bronze : Narcisse. Patine antique.

104 — Statuette en bronze : Silène. Patine antique.

105 — Médaillon en bronze, par ADRIEN JOURDAN. Portrait de femme vue de profil. *Claire 1850.*

106 — Quatre médaillons en bronze d'après DAVID D'ANGERS : Bernardin de Saint-Pierre, Géricault, Théophile Gautier, Hérold.

107 — Grand vase oblong, et de forme antique, en bronze patine brune, reposant sur un haut piédouche. Bords évasés, panse renflée décorée de médaillons à sujets guerriers et armoiries flanquées de figures d'esclaves, têtes de béliers et mascarons au piédouche. Les anses à enroulements de serpents surmontent des figures de grotesques.

Haut., 61 cent.; long., 80 cent.

Il repose sur un double socle en marbre.

108 — Petite cassolette en bronze doré. Époque de la
Restauration.

109 — Pieta, formant applique, en ancien bronze italien.
xvie siècle.

(Collection Courajod.)

110 — Statuette en ancien bronze italien, fin du xvie siècle : le Discobole se préparant. (Cire perdue).

111 — Louve couchée. Ancien bronze italien. xvie siècle.
Socle en marbre de Sienne.

112 — Deux flambeaux, en forme de cratères antiques, en
bronze patine brune, offrant des mascarons et têtes de
faunes.

113 — Deux flambeaux en métal argenté, fûts en faisceaux
se terminant en feuilles d'acanthe. Style anglais.

114 — Régulateur en bois noir à filets de cuivre, orné de
bronzes ciselés et dorés, mascarons, rosaces, coquilles
et rinceaux ; cadran en cuivre gravé. Époque de la
Régence.

115 — Garniture de cheminée en bronze ciselé et doré,
composée d'une pendule surmontée d'un groupe de
femme et d'enfants symbolisant les arts, et de deux
candélabres à huit lumières aménagés pour l'électricité,
supportés par des figures de femmes. Pendule signée
de *Martoret*.

116 — Garniture de cheminée en bronze ciselé et doré, composée d'une pendule à cage surmontée d'un vase-cassolette, motifs à rinceaux et rubans, et de deux candélabres disposés pour l'électricité, ornés de cristaux ; socle en marbre turquin. Style Louis XVI. *Maison Levy Worms.*

117 — Pendule religieuse à répétition en bronze ciselé et doré, signée de *Gaudron, à Paris.* xviiᵉ siècle.

117 *bis* — Pendule de salon, de style Louis XVI, en bronze doré et marbre blanc. Le corps de la pendule, surmonté d'un entrelacs de branchages et de rubans, est supporté par un aigle aux ailes déployées. Copie d'ancien, de la *Maison Planchon.*

MEUBLES, SIÈGES
PANNEAUX DÉCORATIFS

118 — Toilette-coiffeuse en noyer sculpté, à trois tiroirs et trois vantaux, surmontée d'une glace à fronton, de style Louis XV.

119 — Commode en chêne sculpté, à quatre tiroirs, avec colonnes détachées aux angles.

120 — Vitrine en acajou et palissandre, s'ouvrant à deux vantaux, ornée de bronzes. Style Louis XVI.

121 — Commode à quatre tiroirs en marqueterie de bois de violette, ornement en bronze ciselé et doré; dessus marqueté et ceinturé de cuivre. Époque de la Régence.

122 — Armoire à un vantail en noyer marqueté. Gonds et serrure en fer forgé.

123 — Table à jeu, de forme demi-circulaire, en acajou et citronnier marquetés de filets. Époque Cheppendale.

124 — Coffret, boîte à ouvrage, forme tombeau, en acajou marqueté à filets. Commencement du xixᵉ siècle.

125 — Petit meuble anglais à hauteur d'appui, forme demi-lune, en acajou marqueté de bois clair, fermant à deux vantaux à coulisse. Époque Cheppendale.

126 — Petit meuble de fabrication anglaise à hauteur
d'appui en acajou marqueté de bois clair, à décor de
trophées, vase fleuri, rubans, cordons et fleurs. Il
s'ouvre à un vantail. Époque Cheppendale.

> « *Ce meuble proviendrait de la vente du duc de*
> « *Wellington et aurait été acquis à la vente faite*
> « *à Asply-House, par le major Fletcher.* »

127 — Commode en acajou, formant bureau dos-d'âne, à
abattant, s'ouvrant à trois tiroirs. Entrées de serrure
et poignées en cuivre poli. xviiie siècle anglais.

128 — Petite vitrine à hauteur d'appui en bois de rose et
marqueterie de bois de couleur. Chutes et ornements
en bronze. Style Louis XVI.

129 — Petit bureau plat en bois noir, à filets de cuivre,
ornements en bronze ciselé et doré. Ceinture, chutes,
poignées et sabots en bronze ciselé et doré. Époque
Louis XV.

130 — Commode à deux tiroirs en bois de rose et bois de
violette, à pieds cambrés, ornée de bronzes ; dessus
de marbre brèche. xviiie siècle.

131 — Cheminée décorative en bois sculpté peint gris et
doré, décor à branchages, rinceaux et coquilles. En
partie ancienne.

132 — Deux trumeaux, présentant des panneaux décoratifs
à figures de femmes, dans des paysages encadrés de
motifs en bois sculpté à rinceaux, coquilles et guirlandes de fleurs. Style Louis XV.

133 — Panneau décoratif peint, avec encadrement de bois sculpté et doré à coquilles, rinceaux et guirlandes. Louis XV.

134 — Glace psyché en bois sculpté et doré avec fronton ajouré à guirlande et trophée.

135 — Glace avec trumeau peint à corbeille fleurie, guirlande et petit chien. XVIIIᵉ siècle.

136 — Paravent à quatre feuilles en noyer sculpté et gravé, moderne style, orné de panneaux peints, offrant, sur la face, des paysages, par PAUL GIRARDET, et tendus d'étoffe au revers.

137 — Deux fauteuils en bois sculpté, de style Louis XV, couverts en étoffe brochée à fleurs fond crème.

138 — Petit canapé marquise en noyer sculpté foncé de canne dorée, de style Louis XVI, avec coussin en soierie brochée à fleurs fond crème.

139 — Deux chaises anglaises en acajou, de modèles différents. Époque Cheppendale.

140 — Escabeau à haut dossier en bois sculpté, modèle à cariatides. Style Renaissance.

141 — Banquette à dossier et accotoirs, et cinq chaises en chêne ciré.

142 — Deux consoles en bois sculpté à têtes d'enfants. XVIIᵉ siècle.

143 — Chaise longue, de style Louis XVI, en bois sculpté.

144 — Objets non catalogués.

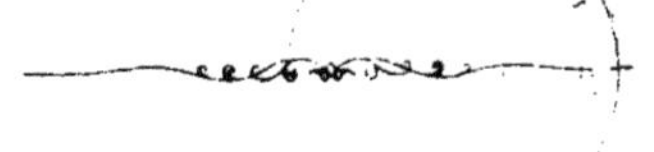